Pas de dinosaure dans l'avion

Mila

Fossile

Nébulo

le pilote

md

Fossile rêve depuis toujours
de faire un safari
dans la savane.

Pour sa fête, Mila l'amène
à l'aéroport.

Elle lui dit : « Fossile,
nous allons faire un safari ! »
Fossile est content.
Ce sera si amusant !

Mila a pensé à tout.
Elle a fait les valises
et a acheté
des bonbons mous.

« Vite ! L'avion décolle
dans vingt minutes.
Dépêchons-nous ! »

Avant le départ, Fossile s'amuse comme un fou dans l'avion. Il joue avec ses figurines d'animaux et mange des bonbons au melon d'eau.

Le départ est enfin annoncé.
Fossile se colle sur Mila.

L'aventure commence !

Mais les minutes passent et l'avion ne bouge toujours pas...

Tout à coup, le pilote sort de sa cabine.
Il est affolé.

Il dit :
« Fossile est lourd.
On ne décollera jamais
avec un dinosaure
dans l'avion. »

Le pilote demande
à Fossile de venir avec lui
hors de l'avion.

Mila est fâchée.
Elle dit :
« Non, non, non et non !
Je n'ai pas envie de faire
le safari sans mon ami ! »

Fossile sort de l’avion
en disant à Mila :
« Ne t’en fais pas,
j’ai une idée ! Je vais faire
le safari, je te le dis ! »

Arrivée dans la savane,
Mila a beaucoup de peine.

Elle aime nourrir les animaux,
mais sans Fossile, ce n'est pas
aussi amusant.

Mila se balade.
Un lion dort sur une roche.
Un hippopotame se cache
sous l'eau et un léopard
chasse une antilope.

Tout à coup, le vaisseau
de Nébulo arrive.
Oh ! Fossile est attaché
au vaisseau de Nébulo.
Il est venu dans la savane !

Enfin, Fossile est
dans la savane avec Mila !

Il fait un câlin à son amie,
entouré de tous les animaux.

Tout est si beau !

Pas de dinosaure dans l'avion

Mila Fossile Nébulo

le pilote

Fossile rêve depuis toujours
de faire un safari
dans la savane.

Pour sa fête, Mila l'amène
à l'aéroport.

Elle lui dit : « Fossile,
nous allons faire un safari ! »
Fossile est content.
Ce sera si amusant !

Mila a pensé à tout.
Elle a fait les valises
et a acheté
des bonbons mous.

« Vite ! L'avion décolle
dans vingt minutes.
Dépêchons-nous ! »

Avant le départ, Fossile s'amuse comme un fou dans l'avion. Il joue avec ses figurines d'animaux et mange des bonbons au melon d'eau.

Le départ est enfin annoncé.
Fossile se colle sur Mila.

L'aventure commence !

Mais les minutes passent
et l'avion ne bouge
toujours pas...

Tout à coup, le pilote sort
de sa cabine.
Il est affolé.

Il dit :
« Fossile est lourd.
On ne décollera jamais
avec un dinosaure
dans l'avion. »

Le pilote demande
à Fossile de venir avec lui
hors de l'avion.

Mila est fâchée.
Elle dit :
« Non, non, non et non !
Je n'ai pas envie de faire
le safari sans mon ami ! »

Fossile sort de l'avion
en disant à Mila :
« Ne t'en fais pas,
j'ai une idée ! Je vais faire
le safari, je te le dis ! »

Arrivée dans la savane,
Mila a beaucoup de peine.

Elle aime nourrir les animaux, mais sans Fossile, ce n'est pas aussi amusant.

Mila se balade.
Un lion dort sur une roche.
Un hippopotame se cache sous l'eau et un léopard chasse une antilope.

Tout à coup, le vaisseau de Nébulo arrive.
Oh ! Fossile est attaché au vaisseau de Nébulo.
Il est venu dans la savane !

Enfin, Fossile est
dans la savane avec Mila !

Il fait un câlin à son amie,
entouré de tous les animaux.

Tout est si beau !